RAPPORT

SUR

LES TRAVAUX DU COMITÉ CATHOLIQUE

DU TROISIÈME ARRONDISSEMENT DE PARIS

Pendant l'année 1873.

~~~~~~~~~~~~~~~~~~~~~~~~~~~~~~~~

MESSIEURS,

Au moment où le Comité catholique du troisième arrondissement va reprendre ses travaux quelque temps suspendus, afin de leur donner une nouvelle et plus forte impulsion, il vous importe de constater d'abord le chemin que vous avez parcouru jusqu'à ce jour ; il vous importe surtout de bien vous préciser à vous-mêmes votre situation présente. En un mot, il est bon de vous recueillir un instant, de vous interroger sérieusement et de voir quelle est la somme d'influence et de ressource dont vous pouvez disposer pour continuer la lutte entreprise au profit des intérêts catholiques de votre quartier.

C'est donc un rapide coup d'œil qu'il s'agit de jeter en arrière sur les dix-huit mois qui vous séparent de votre première réunion. Vous rappeler, Messieurs, les commencements du Comité qui furent humbles, comme tout ce qui veut vivre, son programme nettement défini, ses intentions ouvertement arrêtées de faire le bien et le plus de bien possible ; vous rappeler surtout ses actes, car il ne s'est pas contenté d'avoir de bonnes intentions, et déjà, comme vous le savez d'ailleurs et comme on vous le rappellera tout à l'heure, plusieurs actes ont pu être enregistrés à son actif ; en un mot, vous faire re-
~~~~~~~~~~~~~~~~~~~~~~~~~~~~~~~~

passer rapidement sous les yeux tout ce que vous avez fait jusqu'à ce jour, devait être naturellement l'objet d'un travail qui pût vous être présenté au début de cette nouvelle année.

Le Comité du troisième arrondissement est né, comme sont nées partout ailleurs des associations semblables, de la nécessité qui s'impose aujourd'hui plus que jamais à tout homme de cœur et à tout homme chrétien, de lutter et de combattre contre le mal au profit du bien.

La lutte, Messieurs, est-il besoin de vous le rappeler, est la condition nécessaire, inévitable de toute existence humaine ; et la sainte Écriture définit la vie sur cette terre : *un combat continuel*. Dans tous les temps nous rencontrons cette lutte, et il n'a jamais été permis à quiconque avait un peu de cœur, de se désintéresser de l'action. Il le serait encore bien moins aujourd'hui, et ce qui, à une autre époque moins tourmentée, eût peut-être passé pour une simple faiblesse sans grande conséquence, dans la nôtre mériterait à coup sûr une qualification plus sévère.

Or, Messieurs, la forme la plus complète sous laquelle le bien s'offre à l'homme ici-bas, la forme qui le représente parfaitement, c'est la religion, et il n'y en a qu'une qui mérite ce nom, c'est la religion catholique. C'est donc contre la religion catholique, que les adversaires du bien devaient diriger naturellement leurs attaques les plus vives. C'est en effet ce que l'histoire constate. Mais aujourd'hui l'attaque a redoublé d'intensité.

Vous êtes, Messieurs, dans un pays où cette lutte est plus ardente que partout ailleurs. Vous habitez une ville où les bons et les méchants ont arboré plus ouvertement leur drapeau ; et placés par les conditions de votre existence au centre même de cette grande cité, vous n'êtes parmi les soldats de la bonne cause ni les moins attaqués, ni par conséquent les moins menacés. Enveloppés comme vous l'êtes, il ne vous est donc pas loisible de rester tranquilles spectateurs de la lutte.

Bon gré, mal gré, il vous faut combattre. L'intérêt même de votre foi individuelle l'exige, car si elle veut rester vivante, elle doit réagir fortement contre ce milieu délétère, sous peine de s'endormir et peut-être de s'éteindre. La religion que vous servez et que vous aimez vous demande plus que jamais ce témoignage de votre dévouement à sa cause. Votre pays, si profondément troublé par de funestes doctrines, lui aussi, Messieurs, fait un appel non moins pressant aux efforts de ses véritables enfants, afin qu'ils le sauvent de l'abîme dans lequel il est menacé de tomber.

C'est cette double nécessité, qu'il fallait lutter, et que pour lutter avec quelque avantage il fallait unir ses efforts, qui a inspiré à quelques hommes généreux et chrétiens de ce quartier la pensée d'y fonder un Comité pour la défense de ses intérêts catholiques. Ces Messieurs se réunissaient pour la première fois le 4 juin de l'année dernière. Ils trouvaient un généreux accueil chez l'un d'entre eux, que, depuis, la mort vous a enlevé. Universellement regretté de tous les pauvres de ce quartier, dont il était la providence depuis quarante ans, M. de Calonne n'a pas laissé de moins vifs regrets parmi vous, Messieurs, qui l'avez connu, et qui avez été les témoins et les admirateurs de sa charité aussi grande qu'elle était modeste.

M. de Calonne a été l'un des fondateurs de votre Comité, et à ce titre encore vous lui deviez ce souvenir bien mérité.

Les premières séances furent nécessairement employées à faire un échange d'idées et de vues, à élaborer un projet de comité ; en un mot à organiser quelque chose. On sentit bientôt l'importance d'un ordre à suivre et d'une distribution convenable à établir entre les différentes œuvres qui allaient solliciter votre activité. C'est ce qui fut fait par la répartition de tous les membres du Comité dans trois Commissions. La première devait s'occuper *des affaires contentieuses* qui pourraient se présenter à l'examen du Comité. La deuxième avait pour objet *les œuvres proprement dites*, et la troisième était la Commission *de l'enseignement*.

Le Comité catholique du troisième arrondissement était fondé. Il allait fonctionner et c'est dans ces trois branches où son activité s'est exercée qu'il peut être intéressant pour vous de le suivre maintenant.

CHAPITRE PREMIER

AFFAIRES CONTENTIEUSES.

Un premier objet sur lequel votre sollicitude s'est portée, a été l'école communale des jeunes filles de la rue Vieille du Temple. La question était celle-ci : Les sœurs qui tenaient cette école depuis vingt-deux ans s'étaient retirées volontairement. M. le curé de Saint-Jean-Saint-François avait demandé et obtenu des religieuses de Saint-Vincent de Paul pour remplacer les démissionnaires. Sur ces entrefaites, les vacances se terminaient et le Conseil municipal nommait à cette école, à titre provisoire, une institutrice laïque. Cependant une pétition demandant des sœurs et signée par un grand nombre de familles intéressées, était remise au Conseil municipal. En même temps, M. le curé écrivait à M. le maire pour lui rappeler quelle était l'origine de l'école, fondée en 1849 par son prédécesseur, M. l'abbé Dancel, qui y avait dépensé plus de 111,000 *francs* et quelles avaient été les conditions, tacitement stipulées, il est vrai, mais *acceptées de bonne foi cependant par l'administration,* lors de la *communalisation* de l'école de lui laisser son caractère congréganiste. Une lettre de M. Arnaud-Genty, ancien maire de l'arrondissement, faisait foi de ce contrat tacite. C'était donc sur un droit réel, quoique non strictement légal que M. le Curé de Saint-Jean-Saint-François appuyait sa revendication. Pour quiconque a le sentiment vrai de l'honneur et de la justice, la question n'en est même pas une.

Monsieur le curé trouva le comité entièrement disposé à le seconder de tout son pouvoir. En conséquence, plusieurs démarches furent faites par trois de ses membres : l'une auprès du conseil municipal, où d'ailleurs ces messieurs avaient été invités à se rendre. Nous tenons à signaler cette invitation comme une reconnaissance tacitement officielle par l'administration de l'existence du comité du troisième arrondissement. Une autre démarche était faite en même temps auprès de

M. Cornudet, pour apprendre de ce conseiller quels étaient les droits respectifs de l'administration préfectorale et communale dans la nomination des instituteurs. Une troisième démarche allait être faite auprès de M. le préfet de la Seine quand vous fut annoncé le vote du conseil municipal, qui maintenait l'institutrice laïque à titre définitif. Les circonstances, messieurs, ne vous ont pas permis de conduire plus loin cette affaire que vous avez faite vôtre. Vous avez dû la remettre, vous n'avez pas pu l'abandonner.

Une autre question bien grave et qui intéresse au plus haut point tous les catholiques, a été plusieurs fois posée devant vous, et vous a été proposée sous ses différents aspects.

Je veux parler de la *Sanctification du Dimanche*. Tout à l'heure nous dirons un mot de l'œuvre, ici je veux vous rappeler un rapport qui vous a été lu sur la question considérée au point de vue légal. Cette étude, si consciencieusement écrite, vous faisait l'historique de la loi civile concernant l'observation du Dimanche, et en tirait rigoureusement cette conclusion, appuyée d'ailleurs sur de récents arrêts des cours, que la loi civile défendant le travail du Dimanche est restée en vigueur, et que par conséquent elle peut toujours être invoquée.

Voilà, Messieurs, ce que vous avez fait en ce qui regarde ces questions de droit et de justice. Vous n'avez guère pu que les effleurer un peu. Ça été comme un essai de vos forces et de votre bonne volonté. Si la suite de vos travaux vous réserve l'examen de semblables questions, ce qui est probable, nul doute que vous ne les suiviez jusqu'au bout avec fermeté et avec succès.

CHAPITRE DEUXIÈME.

DES ŒUVRES.

Le comité catholique doit avant tout s'occuper des œuvres établies dans l'arrondissement ; c'est dans ce but que vous l'avez fondé et son concours efficace leur est acquis de plein droit. Toutefois, Messieurs, vous ne pouviez vous montrer indifférents à l'égard de certaines œuvres qu'on peut appeler à juste titre *les œuvres catholiques*, parce qu'elles ont pour objet le bien général de l'Église et qu'elles s'adressent à tous les fidèles. Entre ces œuvres, une devait naturellement provoquer tout d'abord votre sympathie et votre générosité et trouver en vous des hommes sincèrement dévoués à l'Église et à son chef auguste, le Souverain Pontife.

J'ai nommé l'œuvre du *Denier de Saint-Pierre*, ce témoignage admirable de l'amour filial et compatissant de tous les enfants de l'Église envers les infortunes de leur père spirituel. Une quête votée spontanément à la fin d'une de vos premières séances, où vous n'étiez encore que 27 membres, produisait *quatre-vingt-dix* francs. C'était bien inaugurer vos travaux. C'était, par cet acte, les placer sous le patronage et la bénédiction du Souverain Pontife. Vous ferez davantage cette année, car votre générosité restant la même, vos ressources, espérons-le, seront plus grandes.

A l'œuvre du denier de Saint-Pierre nous devons en ajouter deux autres éminemment catholiques: la *Propagation de la Foi* et l'œuvre de *Saint-François de Sales*, l'une, comme vous le savez, combat l'erreur et propage la vérité chez les peuples idolâtres; l'autre protége et fortifie cette même vérité dans les pays chrétiens. Elle est à proprement parler la *Propagation de la Foi à l'intérieur*. C'est même le titre que lui a donné le Souverain Pontife, et elle le justifie pleinement depuis douze ans qu'elle existe. Jusqu'à présent, Messieurs, vous n'avez pu vous occuper de ces œuvres comme vous l'eussiez désiré. Espérons que cette année pourra combler cette lacune forcée. D'ailleurs, un rapport spécial sur l'œuvre de Saint-François de Sales vous sera soumis prochainement, aussitôt que l'on aura terminé sa nouvelle organisation pour le diocèse de Paris.

Nous arrivons maintenant aux œuvres spéciales du troisième arrondissement. Les premières qui se trouvaient désignées à votre sollicitude étaient naturellement les œuvres qui *s'occupent de la jeunesse*.

Comme vous ne pouvez l'ignorer, Messieurs, c'est contre les enfants et les jeunes gens que les adversaires du bien dirigent aujourd'hui leurs attaques les plus vives. Il était donc de votre devoir de porter de ce côté vos premiers soins et vos plus grands efforts.

La première des œuvres qui se soit présentée à vous a été le *Cercle de la jeunesse* ou des employés de commerce, établi rue Saint-Antoine, sous la direction des frères de la doctrine chrétienne. Le frère Joseph que vous connaissez tous et dont l'éloge n'est plus à faire, a bien voulu venir vous entretenir plusieurs fois de cette œuvre si belle, si florissante, qu'il dirige depuis dix-neuf ans.

Plus de trois cents jeunes gens, employés de commerce ainsi qu'un grand nombre de patrons, fréquentent assidûment ce cercle, dont le budget ne s'élève pas à moins de 18,000 francs. Ses frais sont en partie couverts par les souscriptions et les dons des membres bienfaiteurs, et par les cotisations des membres actifs. Depuis sa création, ce cercle a fondé plus de deux cents familles chrétiennes et plusieurs maisons de commerce considérables.

La cause du frère Joseph était donc gagnée d'avance auprès de vous. Vous avez d'ailleurs l'honneur de posséder dans votre sein plusieurs membres du Cercle de la jeunesse, et vous avez tenu à leur prouver votre sympathie, plus que votre sympathie, votre concours efficace, en inscrivant le comité comme *membre bienfaiteur* pour la somme de 50 francs. C'est une dette d'honneur à laquelle vous serez heureux d'être toujours fidèles.

Une autre œuvre spéciale à la paroisse des Blancs-Manteaux, et qui devrait être établie dans chaque paroisse, a attiré non moins vivement l'attention du comité. C'est l'œuvre des *Jeunes Apprentis*, établie et dirigée par monsieur l'abbé Chanteaud. — Monsieur l'abbé Chanteaud a bien voulu venir plusieurs fois vous entretenir de cette œuvre modeste comme son auteur, et qui cependant réussit à faire un si grand bien dans les familles d'ouvriers.

Quelques jeunes enfants choisis avec soin chaque année parmi ceux de la première communion sont placés par monsieur l'abbé Chanteaud chez des patrons du quartier où ils sont visités fréquemment. Un contrat d'apprentissage leur conserve chaque semaine la *journée tout entière* du dimanche. Ce jour-là, les jeunes apprentis se réunissent à la paroisse pour y entendre ensemble la messe et une courte instruction. Souvent une petite loterie termine cette réunion chrétienne. Puis ces enfants sont invités à se retirer dans leurs familles pour y passer avec leurs parents le reste de la journée. Ce patronage a donc le double avantage de maintenir dans ces enfants et souvent chez leurs parents l'esprit paroissial et l'esprit de famille malheureusement trop oubliés de notre temps. De plus, et c'est là un point important à considérer, les frais nécessités pour cette œuvre sont nuls, ou à peu près. Ce qu'elle demande surtout, c'est du dévouement, et elle l'a toujours rencontré dans la paroisse des Blancs-Manteaux. Le comité catholique a donc accueilli cette œuvre avec tout l'intérêt qu'elle réclame; une somme de *quinze francs* a été votée par vous. Mais vous espérez bien faire pour elle cette année plus qu'il ne vous a été permis jusqu'à ce jour.

Une troisième œuvre, la *Société de protection* des jeunes apprentis, s'est fait connaître à vous par un excellent rapport de votre trésorier qui en est le vice-président.

— Cette société qui s'intéresse au bien-être matériel et moral des enfants des ateliers a toute votre sympathie et peut compter sur votre concours dévoué.

— Les œuvres qui ont pour objet l'ouvrier chrétien ont un rapport intime avec les œuvres de la jeunesse, dont nous venons de parler. A ce premier titre déjà, vous ne pouviez que vous intéresser vivement à la société de *Saint-François-Xavier établie* sur la paroisse de Saint-Nicolas des Champs. Mais de plus, le comité se trouve rattaché directement à cette société dans la personne de votre président d'honneur, M. Latiras, qui en est également le président, et dont le dévouement pour son œuvre est si bien apprécié de tous les ouvriers. Le rapport qui vous a été fait d'une de ces grandes réunions où quinze cents auditeurs applaudissaient aux discours si chrétiens de leur président et de M. Boulanger, vous a vivement intéressés. C'est donc encore une œuvre comme il en faudrait beaucoup et que le comité désirerait voir prospérer dans les paroisses de l'arrondissement.

— Nous ne pouvons omettre également une œuvre établie sur la paroisse Saint-Denis du Saint-Sacrement et qui est prin-

cipalement soutenue par les quatre conférences de l'arrondissement. Le plus grand nombre des familles pauvres visitées
par Messieurs les membres des conférences font partie de cette
sainte famille, qui les réunit chaque dimanche à l'église pour
y entendre la sainte messe, une pieuse instruction et y
prendre part à une loterie qui intéresse toujours ces braves
gens.

Le comité catholique a voulu témoigner sa sympathie à cette
œuvre et à celui qui la préside avec tant de zèle, en députant
plusieurs fois à ses réunions un grand nombre de ses membres.

Puisse-t-elle continuer à prospérer et à étendre de plus en
plus cette influence du bien si salutaire quelle a su gagner sur
les familles pauvres auxquelles elle se dévoue.

La paroisse Saint-Denis a encore l'honneur de posséder le
siége d'une œuvre, non restreinte il est vrai à ce quartier, mais
que vous étiez naturellement portés à considérer comme sœur
des autres, grâce d'abord à ce voisinage, et aussi parce qu'elle
se propose un but des plus utiles à notre époque.

J'ai nommé l'œuvre *de l'Adoption* et son directeur M. l'abbé
Jacquet. Du directeur je ne dirai rien ; il ne m'appartient pas
de tenter ici un éloge qui serait d'ailleurs insuffisant. Vous
connaissiez déjà l'orateur chrétien. M. l'abbé Jacquet, en ve-
nant vous entretenir de son œuvre, vous causer avec conviction et amour de ses chers petits orphelins, vous a révélé l'a-
pôtre de la charité.

Rendre une famille à ceux que la mort d'un père et d'une
mère, ont à jamais privés des soutiens naturels de leur en-
fance et de leur jeunesse, voilà le but de l'œuvre *de l'Adoption.*

Ce but elle l'obtient en plaçant ces enfants dans des familles chrétiennes, ou encore dans des maisons agricoles choi-
sies par elle avec le plus grand soin. Cette œuvre établie
dans un grand nombre de diocèses de France, florissante
dans plusieurs, notamment dans le diocèse de Rouen, mal-
gré ses ressources, qui, chaque année s'élèvent à 100,000
francs environ, fruit des cotisations de cinquante cen-
times, ne peut faire tout le bien qu'elle voudrait. Vous avez
tenu, Messieurs, à remercier Monsieur l'abbé Jacquet, et à lui
prouver que votre concours lui était acquis en le priant d'ac-

cepter la somme de trente francs, recueillis dans une quête à la fin de la séance.

Enfin, Messieurs, votre attention a été attirée sur deux autres œuvres, l'œuvre de *la Sanctification du Dimanche* et l'œuvre *Réparatrice envers le très-Saint-Sacrement.* M. l'abbé Chaumont du clergé de Sainte-Clotilde est venu vous parler de la première, établie dans un grand nombre de paroisses, et qui a pour objet la sanctification du Dimanche par *la cessation des travaux* et *la fermeture des magasins.* Un grand nombre de patrons et de maisons de commerce ont déjà pris l'engagement d'obéir aux statuts de l'association. Vous ne pouviez qu'applaudir à cette œuvre vraiment chrétienne; et vous vous êtes bien promis d'en favoriser l'établissement et le développement dans votre quartier.

L'origine et l'objet de l'association réparatrice envers le très-Saint-Sacrement établie dans l'église Saint-Jean-Saint-François vous ont été racontés dans une notice historique sur l'hostie miraculeuse de la rue des Billettes.

Un miracle arrivé à Paris *en* 1290 au sujet d'une hostie indignement profanée, donna naissance à une association réparatrice qui s'établit dans la paroisse de Saint-Jean, en Grève, sur laquelle se trouvait la rue de Billettes, où le prodige avait eu lieu. L'église de Saint-François ayant hérité après la révolution du titre de Saint-Jean, en même temps qu'elle se trouvait desservie par l'ancien clergé de cette paroisse, a regardé comme un devoir et a tenu à honneur de rétablir l'association réparatrice. Puisse cette association si respectable par son objet et par son antiquité se maintenir et prospérer, dans une paroisse si dévouée au culte envers le très-Saint-Sacrement!

Voilà, Messieurs, un rapide aperçu de ce que vous avez fait pour les œuvres catholiques, et en particulier pour les œuvres du troisième arrondissement. Une somme de 225 *francs* leur a été consacrée par le comité. Vous eussiez voulu faire davantage. Mais, ayez confiance, la bénédiction divine n'est-elle pas aussi précieuse pour l'obole du pauvre que pour la pièce d'or du riche, surtout quand cette obole est donnée avec foi et de bon cœur ?

Et après tout n'est-ce pas cette bénédiction seule qui donne

la fécondité aux efforts si faibles qu'ils soient. C'est là le secret
de la puissance des œuvres catholiques. Les résultats si beaux
et si grands qu'elles nous offrent sont toujours dans une dis-
proportion surprenante avec les ressources qui les alimentent.
Nous autres hommes nous faisons acte de bonne volonté, mais
c'est Dieu seul qui assure le succès.

CHAPITRE TROISIÈME

DE L'ENSEIGNEMENT.

Comme nous le disions au chapitre précédent, les œuvres
qui regardent la jeunesse doivent vous être particulièrement
chères, mais parmi elles les œuvres qui ont pour but l'enseignement et l'éducation ont un droit plus spécial encore à votre
sollicitude.

Pourquoi? on vous le rappelait tout à l'heure, parce que
c'est à pervertir la jeunesse de nos écoles que s'attachent surtout aujourd'hui les adversaires du bien. Et vous savez qu'ils
ne réussissent que trop souvent dans leurs criminelles tenta-
tives Un auteur chrétien célèbre a dit du grand adversaire de
la religion au XVIIIe siècle, qu'il s'attaquait, à l'exemple de ce
ver qui pique de préférence les racines les plus robustes, aux
deux plus précieuses racines de la société, *la femme et les
jeunes gens*. Ses disciples d'aujourd'hui n'ont garde, vis à vis
de la jeunesse, d'oublier la tactique de leur maître. Votre devoir vous appelait donc sur ce nouveau terrain de la lutte; et,
je me hâte de le dire, vous vous y êtes établis; et avec l'aide de
Dieu, vous saurez vous y maintenir.

Mais, Messieurs, je ne voudrais pas que ma pensée, qui est
la vôtre, fût ici mal interprétée. L'instruction donnée par des
personnes du monde EN SOI *est aussi bien* acceptée par l'église
que l'instruction donnée par les membres d'une congrégation
religieuse. Grâces à Dieu, le nombre des instituteurs laïques,
qui sont restés chrétiens dans l'école, est encore le plus grand,

et ils savent bien que *la sympathique bienveillance des autorités ecclésiastiques leur est toujours et partout acquise.*

Ce que l'église demande et ce qu'elle a le droit d'exiger, c'est que l'instruction morale et religieuse de ses enfants, qui sont les vôtres, leur soit garantie, et ne soit pas chassée de l'école. Or, Messieurs, vous connaissez les tendances actuelles, pour ne pas dire la volonté hautement avouée de certains esprits, au sujet de l'instruction publique. Vous ne pouvez ignorer quel est le projet détestable, quel est le système criminel, qui se dissimulent mal derrière les grands mots d'instruction *gratuite, obligatoire* et surtout *laïque.* Discutable déjà aux seuls points de vue de la justice et de la liberté, ce programme en fait ne vise à rien moins qu'à la suppression de toute instruction religieuse dans les écoles.

Ce que l'on veut, Messieurs, sachez-le, c'est *supprimer l'âme de vos enfants,* afin de faire d'eux plus tard un vil troupeau d'hommes, qui marcheront au gré de toutes leurs passions, et qui serviront ainsi toutes les convoitises et toutes les ambitions de leurs despotes.

Les catholiques et tous les hommes sincèrement honnêtes ne pouvaient laisser s'organiser cette corruption de la jeunesse. Ils ont accepté la lutte ; ils la soutiendront jusqu'au bout.

Ce que vous avez fait dans ce but, Messieurs, a été d'abord de vous faire connaître aux hommes chrétiens qui se consacrent à l'instruction dans cet arrondissement. Puis vous avez cherché à leur venir en aide dans ce ministère si ingrat et qui demande tant d'abnégation. Les Frères de la doctrine chrétienne, dont le Souverain Pontife faisait encore il y a peu de jours le plus bel et le plus juste éloge dans une lettre adressée au frère Philippe, les frères, en particulier, savent que vous leur êtes dévoués, et qu'ils peuvent toujours compter sur vous.

Vous avez voté *cinquante francs* pour donner des récompenses aux élèves de leur école de la rue de Béarn.

Un prix d'honneur de cinq francs a été offert par le comité à la maîtrise de Saint-Jean-Saint-François. Vous vous êtes mis à la disposition de ces Messieurs, les laissant d'ailleurs seuls juges de l'opportunité de votre démarche, pour déléguer des membres qui iraient visiter leurs écoles, et prouver ainsi aux maîtres et aux élèves tout l'intérêt que vous leur portez.

Les succès obtenus aux concours par les écoles congréganistes sont connus de tous. Mais ce qui est *vraiment déplorable*, c'est que les meilleurs élèves des frères, ceux qui veulent continuer leurs études, soient enlevés nécessairement à leurs maîtres pour entrer dans des établissements dont certainement nous aimons à reconnaître la légitime réputation, mais, où enfin ces jeunes gens ne peuvent retrouver les mêmes soins, et surtout les mêmes garanties pour leur religion. Ne serait-il pas juste que *des bourses fussent affectées aux frères* qui continueraient chez eux et achèveraient ainsi eux-mêmes leurs élèves. Cette question déjà bien des fois agitée est de celles que le comité ne saurait oublier.

Pour les jeunes filles, vous avez fait plus que de vous intéresser aux écoles existantes, vous en avez fondé une pour les jeunes apprenties.

Une classe du soir dans un quartier ouvrier comme le vôtre est certainement une œuvre de première nécessité. Une existait déjà rue du Grand Chantier, mais elle est protestante. Admirablement secondés dans votre tâche par mademoiselle Mismaque, maîtresse de pension, rue Vieille du Temple, vous vous êtes mis à l'œuvre; vous avez voté et ouvert une école dans le local même de la pension. Vous savez, Messieurs, les succès que vous y avez obtenus. Un rapport détaillé, lu à votre dernière séance, vous les a fait connaître. Soixante jeunes filles environ ont fréquenté ces classes du soir. Si le local exigu l'eût permis, ce nombre eût été facilement doublé dès cette première année. Vous avez récompensé plusieurs fois les plus méritantes, et vous avez tenu à vous rendre compte par vous-mêmes de leurs progrès et de la bonne tenue de l'école. La distribution générale des prix faite en même temps aux élèves de la pension et aux jeunes apprenties, a eu pour résultat de faire connaître au public et votre existence, et celle de votre œuvre. Les frais nécessités par l'école se sont montés pour l'année à 170 francs, c'est-à-dire à 3 fr. 50 à peu près pour chaque élève.

Avec un tel résultat, Messieurs, vous ne pouvez qu'avoir la

volonté de continuer et éprouver la confiance de réussir mieux encore. D'ailleurs cette œuvre est nécessairement une de celles dont vous aurez le plus à vous occuper cette année.

Il ne faut pas seulement penser aux enfants du peuple ; il faut aussi penser à l'ouvrier, et étudier les moyens les plus propres pour mettre à sa disposition une instruction qui le moralise tout en le récréant et en l'instruisant. L'ouvrier lit beaucoup aujourd'hui ; il aime à lire. C'est assurément une très-bonne chose que d'aimer la lecture, mais encore faut-il qu'elle se fasse dans de bons livres et surtout dans des feuilles honnêtement écrites. Malheureusement l'ouvrier ne lit guère que ce qui est mauvais.

Là encore une occasion pour vous d'organiser le bien. Le projet d'établir un cabinet *de lecture ouvert gratuitement* le soir aux ouvriers s'est présenté de suite à votre pensée. Vous l'avez examiné et approuvé. Il vous reste à le mettre à exécution ; c'est ce que vous comptez faire très-prochainement.

Voilà, Messieurs, ce qui a été fait par le comité catholique du troisième arrondissement dans l'année qui vient de s'écouler. Vous avez soulevé un grand nombre de questions, vous vous êtes appliqués à connaître et à étudier tout ce qui pouvait devenir l'objet de votre sollicitude.

Vous avez fait plus encore à l'égard de plusieurs œuvres. Vous les avez aidées directement par vos offrandes et vous vous êtes mis vous-mêmes à leur disposition pour leur faire tout le bien qui était en votre pouvoir.

Enfin, vous avez créé et fondé quelque chose. Une œuvre qui n'est pas la moins importante est née de votre comité. Elle vit, elle prospère. Vous la soutiendrez avec fermeté ; et nul doute qu'elle ne soit la pierre d'attente, où viendront s'appuyer et s'édifier d'autres œuvres également utiles et également florissantes.

Dans vos travaux vous avez été soutenus les uns par les autres.

Petit au commencement, votre nombre s'est accru successivement ; et chaque nouveau compagnon qui venait s'engager avec vous dans l'œuvre du bien, augmentait d'autant votre confiance et votre courage.

Mais d'autres témoignages de sympathie venus du dehors ne vous ont pas manqué, et je ne puis finir sans rappeler à votre souvenir ceux qui vous ont été donnés ici même par des hommes dévoués qui ont bien voulu venir honorer par leur présence les séances du comité.

Vous avez gardé le souvenir de ce jeune prêtre du clergé de Paris qui vint à une réunion vous entretenir en termes si pressants de son œuvre de la défense des intérêts catholiques des *industriels et des commerçants*. Monsieur l'abbé Courtade, dont le zèle était aussi grand qu'il était humble, devait bientôt après terminer sa vie épuisée au service de Dieu et du prochain. Son souvenir vous reste, et l'œuvre qu'il vous a fait connaître est de celles que vous avez accueillies spontanément. Depuis, en effet, plusieurs d'entre vous s'y sont inscrits comme membres, et assistent à ses réunion.

Pourrais-je omettre de vous rappeler également une autre parole que vous avez entendue avec non moins d'intérêts.

Toute une soirée l'éloquent père Dulong de Rosnay vous a tenus suspendus à ses lèvres. Vous applaudissiez à ses paroles si chaleureuses et si convaincues, et avec l'orateur vous preniez la ferme résolution de rester toujours et quand même les hommes du devoir.

Vous retrouvez ces mêmes témoignages de sympathie dans la présence de ces Messieurs que vous êtes heureux de posséder ce soir[1]. Ils vous sont donnés d'une manière toute particilière par l'administration diocésaine dans la personne de Monsieur le Promoteur du diocèse qui a bien voulu venir présider votre réunion [2].

De pareils encouragements, Messieurs, sont bien faits s'il en était besoin, pour vous fortifier dans la voie où vous êtes entrés. Car, il ne faut pas vous le dissimuler, vous avez encore beaucoup à faire. Vous avez déjà commencé. Cette première année était un essai. L'épreuve a réussi. Mais il faut vous remettre à l'œuvre avec la certitude que le travail ne vous

1. Assistaient à cette réunion Monsieur le Curé de Saint-Denis du Saint-Sacrement et plusieurs ecclésiastiques des quatre paroisses de l'Arrondissement.

2. Monsieur l'abbé d'Hulst.

manquera pas. Il faut aussi vous attendre à rencontrer sur votre route des difficultés parfois aussi sérieuses. Peut-être même pourrait-il entrer dans l'esprit de plusieurs en présence d'un insuccès partiel une pensée de découragement. Les plus forts caractères ne payent-ils pas quelquefois eux aussi ce tribut à la faiblesse humaine ?

Messieurs ! Souvenez-vous alors, et souvenez-vous toujours qui vous êtes, et pour qui vous travaillez. Vous êtes *des chrétiens*, c'est-à-dire des hommes de conviction et des hommes de cœur. Le cœur au service de la foi, voilà la vie chrétienne. Vous *travaillez pour le bien*, vous combattez *pour la bonne cause.*

Vous ne faiblirez pas à cette tâche que vous avez entreprise. Vous continuerez surtout dans le IIIe arrondissement à servir avec loyauté et avec fermeté la cause catholique, qui est non moins la cause de votre pays et de la société; vous souvenant que pour le chrétien il n'y a pas de repos ici-bas, et que pour l'homme de cœur le combat doit être constamment à l'ordre du jour.

Abbeville, imp. Briez, C Paillart et Retaux.